PROJET D'ÉTABLISSEMENT

D'UN

CASIER D'ÉTAT CIVIL

ET D'UN

CASIER FISCAL

PAR ALBERT LENOEL

(Extrait de la *Gazette des Tribunaux.*)

PARIS

IMPRIMERIE CENTRALE DES CHEMINS DE FER

A. CHAIX ET Cie

RUE BERGÈRE, 20, PRÈS DU BOULEVARD MONTMARTRE

1879

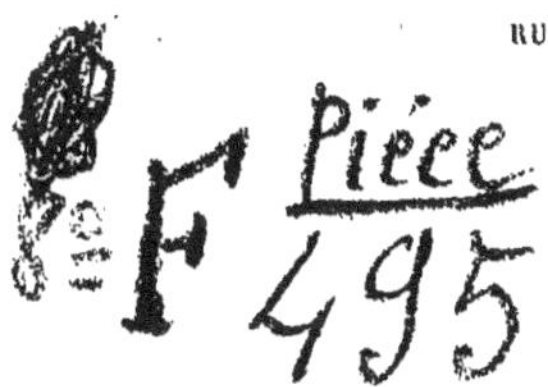

PROJET D'ÉTABLISSEMENT

D'UN

CASIER D'ÉTAT CIVIL

ET D'UN

CASIER FISCAL

PAR ALBERT LENOEL

(Extrait de la *Gazette des Tribunaux.*)

PARIS

IMPRIMERIE CENTRALE DES CHEMINS DE FER

A. CHAIX ET C⁰

RUE BERGÈRE, 20, PRÈS DU BOULEVARD MONTMARTRE

1879

PROJET D'ÉTABLISSEMENT

D'UN

CASIER D'ÉTAT CIVIL

ET D'UN CASIER FISCAL

La première idée d'un casier d'état civil est exposée dans un opuscule très remarquable publié chez Marescq, en 1863, par M. Lionel d'Albiousse, alors juge à Castellane. Dès son apparition, les autorités les plus compétentes, le Sénat et les plus illustres jurisconsultes, l'ont hautement approuvée.

Je ne connaissais pas cet ouvrage, lorsque j'ai écrit l'article qu'on va lire. De là les différences nombreuses et capitales, que je ne saurais utilement signaler avant d'avoir exposé mon système.

Pour le moment, il me suffit d'avoir restitué à qui de droit le mérite de la priorité : *suum cuique.*

Etat-civil. Faits qui le constituent. Intérêt de leur preuve et de leur révélation. — L'état civil d'un homme, c'est la situation particulière qu'il occupe dans la famille et dans la cité, considérée juridiquement, c'est-à-dire par les côtés qui intéressent ses droits ou ses obligations tels que les définit la loi positive. Un homme est français, il appartient à telle famille déterminée, il est enfant légitime, majeur, marié, père d'un ou de plusieurs enfants. A toutes ces qualités, la loi civile attache des droits et des devoirs. C'est donc par elle, qu'au point de vue juridique, on doit apprécier sa situation dans la famille et dans la société ; c'est de leur ensemble que résulte son état civil.

L'état-civil d'un citoyen dépend d'un grand nombre de faits. Sa naissance l'inaugure. Il résulte alors uniquement de sa filiation qui lui crée dès ce moment un ensemble de droits et d'obligations, une situation juridique déterminée. Plus tard, il pourra être modifié par divers événements, tels que la majorité, l'interdiction, le mariage, la séparation de biens, etc. A chaque changement qu'ils y apporteront correspondra nécessairement une modification profonde dans la situation juridique de la personne.

C'est à cause de leurs conséquences au point de vue de la situation juridique de chaque citoyen que les faits intéressant l'état civil doivent être autant que possible faciles à prouver et surtout à découvrir.

Insuffisance pour la révélation de ces faits, des actes qui les constatent. — Or, actuellement, quand on les connaît déjà et qu'il ne s'agit que d'en rapporter la preuve, c'est facile : elle s'établit au moyen d'actes dont le Code a soigneusement réglementé les formes et, par des précautions particulières, assuré la conservation. Mais grande est la difficulté quand on ne les connaît pas encore et qu'on cherche à s'en informer.

On peut dire qu'il est presque impossible de connaître complétement l'état civil d'une personne dans le cas le plus ordinaire, celui où les différents actes qui servent à l'établir ne se trouvent pas tous au même endroit En pareil cas, avant de trouver les actes et pour y parvenir, il faut d'abord être informé, par des renseignements officieux, de chacun des

faits qu'ils constatent et du lieu où il s'est passé.
En sorte qu'alors ils ne peuvent fournir que la
preuve authentique et la connaissance plus parfaite
des faits déjà connus, mais aucune révélation de ceux
qu'on ne connaît pas. Un débiteur m'offre une hypothèque: je ne sais pas s'il est marié. Comment
l'apprendre ? Si je sais où il est né et que précisément il se soit marié dans la même commune, je
trouverai sans peine l'acte qui me révèlera son mariage et partant l'hypothèque légale qui primera la
mienne. Mais si son mariage a été célébré dans une
autre commune, l'état civil ne m'apprendra rien
d'utile, car je ne pourrai pas découvrir l'acte de célébration, ou si j'y parviens, c'est que je serai informé d'ailleurs du fait qu'il relate. — Une succession s'ouvre. Des héritiers se présentent ; mais n'y
en a-t-il pas d'autres? Le *de cujus* n'avait pas toujours habité l'endroit où il est mort. Sa famille n'y
est pas connue ; il est impossible d'établir d'une façon
certaine quels sont ses successibles, car pour trouver les actes de naissance de ses enfants, il faudrait
d'abord savoir où ils ont été dressés. — Les difficultés de ce genre vont s'augmentaut de jour en jour,
à cause des habitudes voyageuses que l'on prend de
plus en plus et que ne prévoyaient pas les rédacteurs du Code.

*Moyen d'y suppléer.— Casier d'état civil.— Exposé
sommaire.* — Le seul moyen de les faire disparaître
serait de rassembler au même lieu, qui serait naturellement le lieu de naissance de chaque Français,
ou le chef-lieu d'arrondissement, des extraits sommaires de tous les actes épars dans les registres de
différentes communes, et concernant son état civil
et les naissances de ses enfants. On y réunirait
également, toujours par extraits sommaires, diverses
décisions qui modifient l'état des personnes, telles
que jugements d'interdiction, séparation de biens, etc.
Tous ces extraits seraient classés sous des cotes au
nom de chaque individu né dans l'arrondissement.
Il suffirait ainsi de connaître le lieu de naissance de

chaque Français, pour tenir la clef, non-seulement
de tout son état civil, mais aussi, comme je l'expli-
querai, de toute sa généalogie.

Il faudrait imiter ce qui se fait journellement pour
le casier judiciaire. Lorsqu'une condamnation est
prononcée, on en donne avis, par un bulletin, au
greffe d'arrondissement du lieu de naissance du
condamné ; et quand le parquet poursuit un incul-
pé, il se fait expédier, par le greffe d'arrondissement du lieu de naissance, un relevé, dit bulletin
n° 2, des condamnations énoncées sur les bulletins
n° 1, reçus par ce greffe. Ce que les greffiers font
pour les bulletins de condamnations, les maires et
les greffiers pourraient le faire pour tous les actes
intéressant l'état ou la capacité des personnes.
Toutes les fois qu'on recevrait un acte ou qu'il in-
terviendrait une décision portant sur ces objets,
mention en serait faite sur un ou plusieurs bulletins qu'on expédierait aux greffes d'arrondissement
des lieux de naissance des parties intéressées. On
aurait ainsi par chaque individu, dans un dossier
unique, au chef-lieu d'arrondissement de son lieu de
naissance, l'énumération complète de tous les faits
intéressant son état, savoir : naissance, reconnaissance, légitimation, désaveu, adoption, mariage,
paternités ou maternités, séparation de corps ou de
biens, interdiction judiciaire ou légale, dation du
conseil judiciaire, émancipation, nomination aux
fonctions de tuteur, faillite, décès. Toutes les fois
qu'on ne pourrait pas découvrir le lieu de naissance
au greffe duquel l'envoi du bulletin devrait avoir
lieu, ou que ce lieu serait situé hors du territoire,
le bulletin serait envoyé, par l'entremise du parquet, au casier central d'état civil, qui devrait être
établi, à cet effet, à la Chancellerie.

*Avantages du casier d'état civil sur l'organisation
actuelle, pour la révélation des faits d'état civil.* —
Sans entrer plus avant dans les détails d'organisation qui seront complétement exposés à la fin de
cette étude, il importe à présent de bien faire com-

prendre quelle serait, dans la pratique, l'utilité de l'innovation que je propose.

Puisque l'importance des faits qu'elle a pour objet de révéler (1) consiste précisément dans leurs effets juridiques, dans les droits qu'ils créent, augmentent ou diminuent, soit pour ceux qu'ils affectent, soit pour les tiers, c'est à ce point de vue qu'il faut se placer pour apprécier les avantages du casier d'état civil. Je passerai donc en revue tous les faits d'état civil. En regard de chacun d'eux, j'examinerai ses effets juridiques, et dans chaque hypothèse que me suggérera cet examen, je tâcherai de faire ressortir, par comparaison avec les garanties presque nulles que présente l'organisation actuelle, celles beaucoup plus sérieuses qui résulteraient du moyen proposé.

Naissance. — *Filiation, ses caractères.* — *Fausses déclarations.* — Je commence naturellement par le premier des faits d'état civil, la naissance.

A la filiation d'un homme sont attachés des droits très différents selon les caractères qu'elle présente. Pour la détermination de ces caractères, le casier d'état civil offrirait non-seulement un moyen de révélation, mais aussi un supplément de preuve utile en certains cas.

La filiation légitime se prouve par l'acte de naissance inscrit sur le registre, article 319. Mais à défaut de ce titre et si l'enfant a été inscrit soit sous de faux noms, soit comme né de père et mère inconnus, la preuve de la filiation peut se faire par témoins, sous certaines conditions, article 323.

Si l'acte de naissance de l'enfant est perdu ou détruit, le casier d'état civil de son père ou de sa mère y suppléera, car toutes les énonciations substantielles de cet acte s'y trouvent reproduites.

Si l'on a donné des noms imaginaires aux père

---

(1) Quoique le casier d'état civil soit essentiellement un moyen de *révélation*, on verra que dans certains cas, il fournirait aussi un utile supplément de *preuve*, par l'effet même de son mécanisme.

et mère de l'enfant, la supercherie sera découverte,
lors de la réception des bulletins aux greffes des
lieux indiqués comme étant leurs lieux de naissance,
soit parce qu'il n'existera pas de casier d'état civil
aux mêmes noms, soit parce qu'ils porteront sur le
fait de leur mariage des énonciations contraires à
celles des bulletins.

La filiation naturelle s'établit par les actes de
naissance et de reconnaissance; en cas de perte
d'un de ces actes, le casier du père ou de la mère
qui aura reconnu l'enfant pourra le remplacer.

La fausse déclaration d'un enfant naturel comme
né en légitime mariage se révèlera par la comparaison des bulletins de naissance avec les casiers
des père et mère.

La filiation adultérine résultera, en cas de désaveu
de la mention, du désaveu aux casiers de l'enfant de
sa mère et du père prétendu.

Si les père et mère sont exactement indiqués dans
l'acte, mais comme mariés ensemble, la filiation
adultérine s'établira par leurs casiers, mentionnant
leurs mariages respectifs ou le mariage de l'un
d'eux.

La filiation incestueuse, suivant les cas, se décou-
vrira par des moyens analogues.

Les fausses déclarations pourront donner lieu à
des poursuites. (52 C. civ., 147 C. pén.)

La filiation adoptive trouvera dans les casiers de
l'adoptant et de l'adopté un supplément de preuve
et surtout de publicité.

*Successibilité. — Recherche des héritiers. — Insuffi-
sance des actes de notoriété.* — Un des plus importants parmi les droits que crée la filiation, c'est
celui d'héritage qui appartient aux enfants légiti-
mes, adoptifs et, dans une moindre mesure, aux
enfants naturels qui ne sont ni adultérins ni incestueux. Je m'occuperai tout ensemble des succes-
sions déférées, non-seulement aux descendants, mais
aussi aux ascendants et aux collatéraux, parce qu'en
définitive le droit de succéder *ab intestat* dérive

toujours d'un lien de filiation, puisqu'il s'appuie sur la parenté.

Lorsqu'un homme meurt, on peut être fort embarrassé pour découvrir ses successibles. L'énumération complète qu'en doit contenir l'intitulé d'inventaire ou l'acte de notoriété, suivant les cas, ne peut guère s'établir que sur les renseignements parfois suspects des héritiers présents qui peuvent, dans leur intérêt, dissimuler l'existence des ayants droit qui ne se présentent pas. Ce genre de fraude n'est pas très rare. Quant aux dires des témoins, que l'on consigne dans l'acte de notoriété, rien n'est moins sûr. Persuadés qu'on ne demande leur concours que pour une formalité sacramentelle et sans importance, ils déclarent sans le moindre scrupule tout ce qu'on veut leur faire déclarer, et leur conscience est tranquille pourvu qu'ils ignorent ce qu'ils affirment, ou du moins qu'ils n'en connaissent pas l'inexactitude. D'ailleurs il faudrait des témoins non-seulement honnêtes, mais qui aient suivi le défunt dans toutes les actions de sa vie ; deux sosies : Comment sauront-ils qu'il a été marié, combien de fois, qu'il n'a pas eu d'enfants, qu'il en a eu, combien, qu'il n'a pas reconnu d'enfants naturels, qu'il n'en a pas adopté, etc. ? Les registres de l'état civil pourront bien servir à vérifier les qualités des successibles déjà connus, mais ils ne révè'eront pas l'existence de ceux qu'on ne connaîtrait pas. Aussi, quand le *de cujus* n'a pas toujours vécu dans le même pays, on peut rencontrer d'insurmontables obstacles, lorsqu'à l'ouverture de sa succession, il s'agit de déterminer quels sont les ayants droit.

Des omissions peuvent se produire et se produisent en effet de temps en temps dans la pratique. On y remédie par un acte rectificatif de l'intitulé d'inventaire qui rétablit au nombre des successibles celui qu'on avait omis, ou par un second acte de notoriété, qui ne présente pas de garanties plus sérieuses que le premier.

Cet état de choses est dangereux pour tout le

monde : pour la famille, qui parfois n'arrive pas à se connaître elle-même ;

Pour les tiers possesseurs d'immeubles transmis par décès : rien ne les garantit contre une action en pétition d'hérédité, ni contre l'action en réduction de donation que peut venir exercer contre eux un descendant omis lors du partage et dont la survenance change la quotité disponible ;

Enfin pour le Trésor, au point de vue des droits qu'il perçoit sur les mutations par décès, les plus fréquentes de toutes. Mais comme, à cet égard, je propose un moyen spécial, il en sera traité dans un appendice.

Révélation complète de toute généalogie. — Suppression habituelle des actes de notoriété. — Le casier d'état civil permettra de remplacer avec avantage, par des renseignements officiels et authentiques, les énonciations incertaines consignées dans l'intitulé d'inventaire ou dans l'acte de notoriété. En effet, le casier d'état civil d'un individu déterminé désigne son conjoint, ses enfants et ses père et mère, avec leurs lieux de naissance. Aux greffes d'arrondissement des lieux mentionnés, on trouvera, dans les casiers de ses père et mère, l'indication de ses grands parents et de ses frères et sœurs, et dans ceux de ses enfants, l'indication de leurs conjoints et de leurs enfants, et ainsi de suite. On comprend par là qu'il sera toujours possible de retrouver tous les parents d'une personne (et ses alliés), même les simples collatéraux jusqu'au degré successible et au delà, à condition que le système ait fonctionné assez longtemps pour qu'on puisse remonter jusqu'aux auteurs communs.

En dehors du nombre et des titres de parenté des successeurs, le casier d'état civil fournira tous les autres renseignements que doit contenir l'intitulé d'inventaire ou l'acte de notoriété : si les femmes sont mariées ou veuves, les noms de leurs maris : si les réclamants sont majeurs, mineurs ou interdits, etc. Le cas de l'article 136, où, l'existence de l'un des

héritiers n'étant pas reconnue, la succession doit
être dévolue aux autres, se présentera plus rare-
ment, parce qu'il pourra se faire qu'on trouve à
son casier soit la preuve de son décès, soit des renseignements d'état civil de date récente qui fassent
connaître son domicile actuel.

Droit de consentement à mariage, — Une autre dépendance de la paternité et de la filiation, c'est le
droit qu'ont les père et mère ou aïeul d'autoriser
le mariage, droit sur lequel j'insisterai peu parce
que c'est celui qui présente le moins de cas d'application et les moins remarquables. Ils valent cependant la peine d'être signalés.

C'est surtout pour la garantie de ce droit, pour
qu'on sache, d'après l'âge des futurs époux, s'ils
ont des consentements à obtenir, que l'article 70
exige la production de l'acte de naissance. Mais si,
pour des raisons soumises à l'appréciation des Tribunaux, on ne peut le représenter, le même article,
en faveur du mariage, permet qu'on rapporte à sa
place un acte de notoriété délivré par le juge de
paix du lieu de naissance ou du domicile du futur
époux. Or, si l'acte de naissance a été inscrit mais
n'existe plus, les casiers des père et mère du futur
époux suppléeront l'acte de naissance et par suite
l'acte de notoriété. L'article 70 ne demeurera appli-
cable que si l'acte de naissance n'a pas été inscrit.

Si les ascendants, sous l'autorité de qui les futurs
époux se trouvent placés quant au mariage, sont
décédés ou disparus, des difficultés surviennent
assez souvent dans la pratique quand il s'agit de
rapporter la preuve de leur décès et de leur dispa-
rition. On y pourvoit, suivant les cas, par un acte
de notoriété (article 155) ou déclarations à serments.
(Avis du 4 thermidor an XIII.)

Cet article et cet avis prévoient beaucoup d'hypo-
thèses, mais tous les magistrats qui vérifient l'état
civil savent combien sont rares les officiers muni-
cipaux qui, dans toutes les espèces, en font une
application judicieuse et parfaitement appropriée

aux circonstances. *Or*, dans tous les cas où les ascendants seront décédés en France, quelles que soient les raisons qui ne permettent pas de produire les actes de décès, on pourra substituer aux déclarations à serment des extraits des casiers d'état civil des défunts, à condition qu'on connaisse leurs lieux de naissance.

Mariage. — Insuffisance des mesures de publicité prescrites par le Code. — Un examen plus complet des conséquences juridiques de la filiation ferait sans doute ressortir beaucoup d'autres cas d'application du système proposé, mais j'ai dû me borner aux plus importants. J'arrive à un autre fait d'état civil : le mariage.

Le casier d'état civil lui donnerait un complément de publicité qui paraît nécessaire.

Le Code a organisé pour le mariage une publicité large, ouverte à tout venant, qui le précède et l'accompagne, mais qui ne le suit pas, et qui, par conséquent, reste inutile à tous ceux qui, plus tard, peuvent avoir intérêt à s'en informer. Les publications faites, en vertu des articles 63, 166, 167, 168, aux domiciles des futurs époux et des ascendants dont le consentement est requis, peuvent bien avertir du mariage prochain ceux à qui la loi permet d'y faire opposition. La publicité de la célébration prescrite par le législateur dans l'article 165 (pour des raisons étrangères à mon sujet) s'adresse à tout le monde, mais n'a pour les vrais intéressés qu'une utilité médiocre. L'acte inscrit sur les registres fournit la preuve du fait accompli, mais seulement à ceux qui en connaissent déjà l'existence et savent où s'en trouve la constatation. Mais ni cet acte, ni la publicité locale et passagère dont s'est accompagnée la célébration n'apprennent rien au tiers étranger à la commune, qui veut, avant d'entrer en relations d'affaires avec un des époux, trouver quelque renseignement qui lui permette de résoudre la question de savoir s'il est marié ou célibataire. Ce qu'il lui faudrait, ce serait un signe certain, visible et permanent, une mention consignée dans un endroit déterminé, facile à découvrir. Or, le lieu de naissance d'un homme est toujours facile à trouver. A défaut d'autre renseignement, il suffit de l'interroger et de vérifier sa réponse. Par là, comme nous allons le voir, le casier d'état civil assurerait à des intérêts très nombreux et très respectables une protection qui leur manque.

Indissolubilité. — Bigamie. — Suppression de ce crime. — Entre les époux, le premier effet juridique du mariage et le caractère même du lien qu'il établit est l'indissolubilité (article 147) : « On ne peut contracter un second mariage avant la dissolution du premier. » La violation de cette règle fondamentale expose à la peine des travaux forcés à temps, et le coupable et l'officier public qui, sciemment, aurait prêté son ministère. Mais elle deviendra, pour ainsi dire, impossible. En effet, l'extrait du casier, joint à l'acte de naissance, révèlera aussitôt le premier mariage d'un des futurs. On n'essaiera point une fraude qui serait si aisément découverte.

Or, il n'en est pas qui soit actuellement plus facile à commettre et plus difficile à découvrir. Aussi ce crime est-il plus fréquent qu'on ne se l'imagine en général. Dans le *Recueil de Dalloz*, entre l'an XII et 1846, j'ai relevé neuf décisions relatives à des crimes de bigamie consommés, et trois statuant sur des tentatives, sans parler, bien entendu, des faits accomplis à l'étranger, et que, par suite, le casier d'état civil n'aurait pu prévenir. Or, il faut remarquer que les recueils de jurisprudence ne rapportent que les faits sur lesquels sont intervenues des décisions intéressantes au point de vue du droit. Il paraît que le crime de bigamie est fréquent, et qu'il est surtout commis en France par des individus qui ont contracté leur premier mariage dans les colonies françaises.

Mariage entre beau-frère et belle-sœur. — Entre un conjoint et les parents de l'autre, le mariage produit cette imitation de la parenté, qui se nomme alliance, et dont les effets sont parfois les mêmes que ceux de la parenté proprement dite. Ainsi, par la même disposition, la loi prohibe le mariage entre les frère et sœur, et les alliés au même degré (article 162). Je ne m'occuperai ici que du mariage entre beau-frère et belle-sœur.

Un des futurs époux est le frère ou la sœur, germain, consanguin ou utérin, du premier conjoint de l'autre. Si l'on produit l'acte de décès qui doit contenir les noms des père et mère du défunt, l'officier public, en le comparant avec un des deux actes de naissance, s'apercevra tout de suite qu'un des futurs époux et le premier conjoint décédé de l'autre avaient au moins un auteur commun. Mais précisément, si l'on veut éluder la prohibition de l'article 162, on se gardera bien de parler du premier mariage, et, moyennant cette précaution élémentaire, rien n'avertira l'officier de l'état civil, qui ne soulèvera aucune objection.

Supposez maintenant que les deux futurs époux soient obligés de produire des extraits de leurs casiers. Aussitôt le mariage duquel résulte l'alliance est révélé. Si le décédé était germain ou consanguin de l'un d'eux, la similitude des noms patronymiques apparaît, et dans tous les cas, l'acte de décès, que la découverte du mariage oblige à produire, vient apporter la preuve de l'alliance.

Dans toutes les autres espèces implicitement prévues par les articles 161, 162, 163, l'avantage serait moins direct. La production des extraits par les futurs époux ne révélerait pas *à priori* leur situation; mais on aurait un moyen sûr et facile de la vérifier, pour peu qu'on la soupçonnât.

Utilités diverses pour les tiers de la révélation du mariage. — Régime matrimonial. — A l'égard des tiers, le mariage modifie profondément la situation juridique des époux. En effet, leur capacité, la valeur et les conséquences des engagements qu'ils peuvent prendre varient avec le régime qu'ils ont adopté. Le créancier qui traite avec un mari commun aura la communauté pour gage outre les propres de son débiteur (1409). A l'inverse, les obligations contractées par la femme commune sans autorisation, n'engageront pas la communauté. Sous le régime de la séparation de biens, chaque époux ne peut engager que ses biens personnels. En communauté le mari et la femme peuvent d'accord aliéner les immeubles personnels de celle-ci (1428). Sous le régime dotal, au contraire, les immeubles constitués en dot ne peuvent être aliénés ou hypothéqués pendant le mariage, ni par le mari ni par la femme, ni par les deux conjointement, sauf quelques exceptions prévues par le Code, article 1554. —Et si malgré cette prohibition, les époux ont aliéné le fonds dotal, la femme ou ses héritiers peuvent faire révoquer l'aliénation après le mariage. Le mari lui-même peut le faire révoquer pendant le mariage.

Avant de traiter avec un individu pour quelque cause que ce soit, de l'accepter pour débiteur, ou même pour créancier, par exemple en lui achetant un immeuble, la prudence exige qu'on s'informe s'il est marié, et, en cas d'affirmative, qu'on s'enquière de ses conventions matrimoniales. Comment savoir tout cela ?

Le casier d'état civil en donnera le moyen. En effet, il révèlera le mariage, avec les date et lieu de sa célébration, ce qui permettra de retrouver dans l'acte la mention prescrite par la loi du 10 juillet 1850 touchant le contrat et la résidence du notaire rédacteur. Avec ces indications, on pourra se procurer tous les éclaircissements désirables.

Il serait encore plus simple que la date du contrat et la résidence du notaire rédacteur fussent indiquées sur les bulletins de mariage.

Mentionnons quelques espèces, particulièrement remarquables, où apparaît en même temps l'insuffisance de l'organisation actuelle et l'avantage du moyen proposé :

Une femme se présente chez un notaire pour contracter ; elle se dit fille, signe de son nom de fille En réalité, elle est mariée et il lui faudrait l'autorisation maritale, faute de quoi elle pourra demander la nullité de l'acte qu'elle passe.

Un homme vend des titres qui sont à son nom. En réalité, ils dépendaient d'une communauté conjugale dissoute par le décès de sa femme. Il frustre les héritiers de celle-ci. Il touche une créance qui est en son nom et qui appartenait pour partie aux héritiers de sa femme ; ceux-ci diront au débiteur qu'il a mal payé et le débiteur paiera deux fois, en vertu de l'adage : *Nemo ignarus conditionis ejus quocum contrahit.*

Autant de fraudes actuellement très faciles et qu'on évitera facilement avec le casier d'état civil.

Séparation de biens. — Il peut arriver, dans un cas, que les conventions matrimoniales cessent de produire effet pendant le mariage : c'est lorsque la femme, dont la dot est mise en péril, poursuit en justice et obtient sa séparation de biens (1443). Pour avertir de cette décision les tiers intéressés à la connaître, on l'affiche dans le prétoire du Tribunal, et on en publie des extraits dans les journaux (articles 866, 867, 868 du Code de procédure civile, 1445 du Code civil). Ici le complément de publicité qui résulterait de la mention du jugement aux casiers de la femme et du mari n'est plus seulement utile, il est nécessaire. Car malgré les précautions prises par le Code, le tiers intéressé pourra, sans sa faute, rester dans une ignorance invincible du changement survenu dans la situation juridique des époux. Au contraire, il lui sera toujours possible et facile, avant d'entrer en relations avec un mari ou une femme, de s'assurer en consultant leurs casiers, que leurs conventions matrimoniales n'ont pas été remplacées depuis le mariage par la séparation de biens judiciaire. Tout ce que j'ai dit de la séparation de biens s'appliquerait identiquement à la séparation de corps.

Hypothèque légale des femmes mariées. — Quel que soit le régime matrimonial, la loi donne à la femme une hypothèque légale sur les immeubles de son mari. C'est sa garantie contre les risques de l'administration maritale; le correctif nécessaire de son incapacité et de sa dépendance. Cette hypothèque couvre tous les droits de la femme, reprises, restitutions de dot, recours ou indemnités de toute espèce qu'elle peut avoir à réclamer lors de la dissolution de la communauté ou du mariage (articles 1421, 1472, 1531, 1549, 1579, 1564 et suivants). Un homme, dont j'ignore l'état civil, m'emprunte une somme et pour garantie du remboursement il m'offre une hypothèque sur ses immeubles. Je voudrais savoir s'il est ou s'il a été marié et si, par conséquent, je dois redouter une ou plusieurs hypothèques légales qui primeraient la mienne. Deux moyens s'offrent à moi, mais également incertains. Je puis m'assurer, à la conservation des hypothèques de l'arrondissement où sont situés les immeubles qu'ils ne sont grevés d'aucune inscription d'hypothèque légale. Mais l'hypothèque légale produit son effet indépendamment de toute inscription (article 2135). Il me reste la ressource d'interroger mon emprunteur sur le point de savoir s'il est marié. Avant la loi du 22 juillet 1867, il aurait pu craindre qu'une fausse déclaration ne lui fît encourir la peine du stellionat, c'est-à-dire la contrainte par corps (article 2136). Mais depuis cette loi, la contrainte par corps est abolie en matière civile. Je me trouverai donc livré sans défense à la merci de mon débiteur, qui me fera telle déclaration que lui dictera son intérêt, sans que je puisse en aucune manière en contrôler l'exactitude. Mais il n'en est plus de même s'il suffit de connaître le lieu de sa naissance. Sa réponse à ce sujet sera facile à vérifier, et je trouverai, à son casier d'état civil, la mention de son mariage ou de ceux qu'il a pu contracter antérieurement. La possibilité de stellionat disparaît.

Interdiction. — *Minorité.* — C'est ici le lieu d'examiner deux situations où se reproduisent exactement les effets du mariage, au point de vue de l'incapacité de la femme et de son hypothèque légale. Je veux parler de la minorité et de l'interdiction.

Comme les femmes mariées, quoique pour d'autres causes, les mineurs et les interdits n'ont pas l'administration de leur patrimoine, mais pour les couvrir de tous risques, la loi leur donne hypothèque sur les biens des administrateurs.

Nous avons vu que les casiers de la femme et du mari, en faisant connaître leur mariage, révèleraient l'incapacité de l'une et l'hypothèque légale qui frappe les biens de l'autre.

Mais les deux autres causes d'incapacité et d'hypothèque légale ne sont pas moins importantes à connaître.

En effet, la minorité et l'interdiction affectent profondément l'état et les droits civils de la personne. Le mineur ne peut exercer aucun droit et l'interdit est assimilé au mineur pour sa personne et pour ses biens. Traiter avec eux ne saurait être que préjudiciable. On ne peut poursuivre l'exécution de leurs engagements, et l'on n'a d'autre recours que l'action de *in rem verso*, s'il y a lieu, jusqu'à concurrence de ce dont ils se sont enrichis.

Sur l'état de minorité, le casier d'état civil n'apprendra rien de plus que l'acte de naissance. Mais il n'en sera pas de même pour l'interdiction, qu'il devra mentionner. Ce moyen de révélation, comme je l'ai déjà fait voir, sera bien plus avantageux que le système de publicité par affiche établi par le Code (article 304).

Tutelle. — La qualité du tuteur d'un mineur ou d'un interdit se découvrirait de la même manière et ce renseignement serait particulièrement utile pour apprécier la situation d'un homme qui n'exercerait plus, mais aurait exercé une ou plusieurs fois de semblables fonctions. Alors, en effet, à défaut d'inscription, aucune circonstance actuelle et extérieure n'avertirait les tiers de l'existence d'une ou plusieurs hypothèques légales.

Purge légale. — Le tiers acquéreur d'un immeuble, grevé d'hypothèques légales non inscrites, peut l'en affranchir en accomplissant les formalités de la purge : dépôt du contrat translatif de propriété au greffe de la situation des biens ; signification du dépôt à la femme, au subrogé-tuteur, au parquet ; affiches par extraits dudit contrat, — le tout afin de mettre les intéressés en demeure de requérir l'inscription des hypothèques légales. Mais le tiers acquéreur peut ignorer le mariage du précédent propriétaire, le nom de sa femme. l'existence, le nombre, les noms de ses représentants. Le casier d'état civil lui fournira directement toutes ces indications, et pourra même indirectement lui faire connaître les domiciles. Il pourra faire sérieusement la purge légale, tandis qu'actuellement il devrait se borner à faire au procureur de la République la signification, généralement inefficace, prescrite par l'article 2194. Il peut bien, il est vrai, en vertu de l'avis du Conseil d'Etat du 1er juin 1807, suppléer aux notifications prescrites par une publication dans les journaux, conformément à l'article 696 du Code de procédure civile. — Mais les insertions de cette espèce ne tombent que par hasard sous les yeux des intéressés.

Emancipation, conseil judiciaire. — La capacité de la personne, que la minorité et l'interdiction suppriment, est notablement diminuée par deux faits, très différents l'un de l'autre par leurs causes, mais dont les conséquences présentent une grande analogie : l'émancipation et la dation d'un conseil judiciaire.

Le mineur émancipé ne peut intenter une action immobilière ni y défendre, même recevoir et donner décharge d'un capital mobilier sans l'assistance de son curateur. Il ne peut faire d'emprunts, aliéner ses immeubles, les hypothéquer sans une délibération du conseil de famille, homologuée par le Tr bunal de première instance, après avoir entendu le procureur de la République (482, 483, 484). Les obligations qu'il aurait contractées par voie d'achat ou autrement, sont réductibles en cas d'excès (484). Bref, il n'a de capacité que pour les actes de pure administration.

Sauf quelques différences, cette situation ressemble beaucoup à celle de l'individu pourvu d'un conseil judiciaire, telle que la définit l'article 513; il peut être défendu aux prodigues de plaider, transiger, emprunter, de recevoir un capital mobilier et d'en donner décharge, d'aliéner ni de grever leurs biens d'hypothèques sans l'assistance d'un conseil qui leur est nommé par le Tribunal.

Encore deux faits qu'il faut connaître, que la loi n'environne d'aucune publicité et qui seront révélés aux tiers par le casier du mineur émancipé ou par celui du prodigue pourvu d'un conseil. Quant aux curateur et conseil, leur qualité n'intéresse pas les tiers, parce que leurs biens ne sont pas grevés de l'hypothèque légale.

Faillite. — Une incapacité de nature très différente, mais encore plus intéressante pour les tiers, c'est celle qui résulte de la faillite.

Le jugement déclaratif de faillite, dit l'article 443 du Code de commerce, emporte de plein droit, à partir de sa date, dessaisissement pour le failli de l'administration de tous ses biens, même de ceux qui peuvent lui échoir, tant qu'il est en état de faillite.

Dès le jugement, le failli est dessaisi. Tout en conservant jusqu'à nouvel ordre la propriété de ses biens, il en perd l'administration et la disposition. Son patrimoine entier, meubles et immeubles, passe entre les mains de la masse créancière dont il forme désormais le gage exclusif. Il ne peut plus aliéner aucune chose, ni consentir aucun droit, ni souscrire aucune obligation dont l'exécution puisse être poursuivie sur aucune partie de l'avoir qu'il possédait lors du jugement ou qui lui advient après, mais avant la fin de l'état de faillite. C'est plutôt une indisponibilité de biens qu'une incapacité de la personne, ou, si l'on veut, c'est une incapacité relative, établie uniquement dans l'intérêt de la masse. Ce n'est pas une interdiction légale. Tandis que l'obligation souscrite par un interdit ne saurait produire aucun effet, même après la mainlevée de l'interdiction, rien ne s'oppose, au contraire, à ce qu'on poursuive l'exécution d'engagements contractés par un failli, avant la fin de l'état de faillite, sur les biens dont il est resté ou devenu propriétaire après cette époque. Cependant, il demeure très dangereux d'ignorer la condition du failli avec qui l'on traite; car il en pourra résulter des conséquences que la bonne foi ne saurait prévenir. Il a été jugé, par exemple, que la vente d'immeubles consentie par un individu en état de faillite doit être annulée au profit de la masse, que l'acquéreur ait ou non traité dans l'ignorance de la faillite. De même les actes passés avec le failli, le lendemain du jugement. fût-ce en pays étranger, ne sauraient être validés. (Req. 13 mai 1835.)

Outre l'incapacité *sui generis* dont je viens de parler, la faillite entraîne jusqu'à la réhabilitation certaines déchéances dont l'étendue est controversée. En tous cas, il est certain que le failli ne peut être ni électeur, ni éligible, ni juré, ni fonctionnaire public.

A tous ces points de vue, la mention au casier du jugement déclaratif et, s'il y a lieu, de la réhabilitation suppléera très utilement à l'insuffisance évidente des affiches et insertions prescrites par l'article 442 du Code de commerce et de l'inscription sur les registres du Tribunal ordonnée pour la réhabilitation par l'article 611.

De nombreuses incapacités et déchéances peuvent résulter de condamnations criminelles ou correctionnelles.

Interdiction légale. — Et d'abord l'interdiction légale, accessoire inévitable des travaux forcés, de la déportation, de la détention et de la réclusion. Elle a lieu de plein droit, dure autant que la peine, et

produit exactement les mêmes effets que l'interdiction judiciaire, y compris l'hypothèque légale. On
mentionnera sur le casier du condamné l'interdiction qui le frappe, la durée de la peine ; s'il y a
lieu, la grâce ou commutation, et, sur celui du tuteur, sa nomination.

Quant aux déchéances qui résultent de la dégra-
dation civique et de la privation des droits civiques,
civils et de famille, elles sont. déjà indiquées au
casier judiciaire, et il ne paraît pas opportun de les
reporter au casier d'état civil. Il est vrai que le casier judiciaire n'est pas public, mais on peut toujours en obtenir un extrait en justifiant d'un intérêt
légitime. Au surplus, on ne saurait mentionner au
casier d'état civil les effets d'un très grand nombre
de condamnations sans aboutir indirectement à la
publicité du casier judiciaire, et c'est un résultat
qu'il faut éviter. Sauf la protection due aux intérêts
respectables et qui leur est suffisamment assurée
en l'état, il vaut mieux faciliter l'oubli des condamnations criminelles que d'en perpétuer le souvenir.

Décès. — *Absence.* — J'arrive au dernier fait d'état
civil, le décès.

Il détruit tous les droits attachés, je ne dis pas
à la personne juridique, ceux-là passent aux héritiers,
activement et passivement, mais à l'individu, telles
que les servitudes personnelles.

Il ne crée pas, mais ouvre des droits très importants ; ainsi le droit de successibilité. C'est le décès
qui lui donne ouverture ; mais ce qui le fait naître,
c'est le lien de filiation, de parenté entre le *de cujus*
et les héritiers, descendants ou autres.

J'ai déjà parlé de ces derniers droits sous les faits
d'état civil qui leur donnent naissance. Sans qu'il
faille y revenir, ni donner l'énumération complète
des droits individuels anéantis par le décès, il est
clair que c'est un fait extrêmement utile à connaître et dont l'ignorance ou l'incertitude est fort
préjudiciable. Le titre de l'Absence en fait foi. Lorsqu'un homme a disparu, qu'on n'a plus de ses nou-

velles, qu'on ignore s'il est mort ou vivant, la loi
ne saurait laisser à l'abandon sa fortune et ses intérêts. Il faut prendre des mesures conservatoires en
vue de son retour. La conservation de ses biens,
leur dévolution provisoire aux ayants droit, sous des
conditions et garanties qui en assurent la restitution
pour le cas où elle serait demandée, la surveillance
provisoire de leurs enfants, etc., tout cela fait l'objet
d'une des réglementations les plus ardues que con-
tienne le Code. Or, il peut très bien se faire actuellement qu'un homme disparaisse, décède en France
et qu'on ne sache plus à son domicile ce qu'il est
devenu. Ce serait beaucoup plus rare avec le casier
d'état civil, car il suffirait qu'on connût le nom du
décédé pour que le bulletin de décès transmis, soit
au lieu de naissance, soit au casier central, offrît
aux intéressés un renseignement facile à obtenir.
Par là, très souvent, on éviterait les complications
et les lenteurs dont s'accompagne la procédure d'absence.

*Aperçu général des caractères et des avantages du
système proposé.* — Les explications précédemment
données sur le mécanisme du casier d'état civil, et
l'analyse des principaux cas où se manifesterait son
utilité, permettent de se faire une idée générale et
complète de ce que serait en elle-même cette innovation et des avantages qu'elle offrirait dans la pratique. Lesactes de l'état civil (et sous cette dénomina-
tion, mal à propos réservée aux actes reçus dans les
mairies, je comprends toutes les décisions qui modifient l'état des personnes) ont pour unique objet
de fournir la preuve authentique des faits qu'ils
relatent. Cette preuve, pour la trouver, il faut connaître d'avance et d'ailleurs le fait lui-même, en
sorte qu'on chercherait vainement dans une mairie
ou dans un greffe la révélation d'événements qui
n'auraient pas eu lieu dans la même commune ou
dans le même arrondissement.

Le casier d'état civil serait bien aussi un moyen
de preuve, puisqu'il contiendrait les sommaires au-

thentiques de tous les actes concernant le même individu. Mais ce serait aussi un moyen de découverte, puisqu'il suffirait de connaître le lieu de naissance d'un homme pour trouver, au chef-lieu d'arrondissement, dans un dossier unique, la mention de tous les actes, et par suite la révélation de tous les faits accomplis par toute la France qui, depuis le commencement de sa vie, auraient modifié son état ou sa capacité.

Ce serait, à proprement parler, le répertoire général, la table de l'état civil, alphabétique, par noms d'hommes dans chaque greffe, chronologique dans chaque dossier. De même que la table alphabétique d'un recueil de jurisprudence me révèle sur un sujet déterminé des décisions que je ne connaissais pas, m'en donne les sommaires, les dates, et m'indique les pages pour que je puisse m'y reporter, le casier d'état civil, pour chaque individu, me révèlera des actes que je ne connaissais pas, m'en donnera les sommaires, les dates, et m'indiquera les communes et les greffes, pour que je puisse recourir aux registres et aux jugements.

Insuffisance des moyens habituels de publicité. — Les rédacteurs du Code ont cherché le moyen de porter à la connaissance des tiers intéressés les faits concernant l'état des personnes. Pour obtenir ce résultat indispensable, ils ont eu recours à des mesures de publicité proprement dites : Affiches, insertions, lecture à l'audience. Mais ces procédés ont le double défaut d'instruire des indifférents de ce dont ils n'ont que faire et de laisser beaucoup d'intéressés dans l'ignorance de ce qu'il leur faudrait savoir. Qu'en lisant un journal, l'annonce de la séparation de biens ou de la faillite de mon débiteur me tombe à point sous les yeux, c'est possible, mais improbable. C'est là le vice inhérent à la publicité telle que l'entend le Code, employée comme moyen de révélation. Elle porte au hasard et manque le but. Pour atteindre dans la foule quelques individus, elle jette à tout venant un renseignement qui s'égare presque toujours ou n'arrive que par aventure à sa destination. J'observe de plus que ce renseignement ne laisse aucune trace. Il ne suffit pas de le chercher en son lieu, il faut encore arriver à temps. Il vaudrait mieux pour les intéressés qu'au lieu d'aller au devant d'eux avec si peu de chances de les rencontrer, la loi les laissât venir à des sources d'information connues d'avance et permanentes. Elle protégerait ainsi d'une manière bien plus efficace, plus précise et plus sûre tous les droits respectables. Tel serait justement l'effet du casier d'état civil. Ouvert à tout le monde en des lieux déterminés, il n'échapperait qu'aux négligents. Il apprendrait à toute époque tout ce qu'on aurait besoin de savoir. La nécessité de retirer des extraits éloignerait l'indiscrète curiosité des oisifs. En un mot, beaucoup plus que les procédés actuels, il approcherait du but désirable : Renseigner tous les intéressés et personne autre, et les renseigner complétement.

Avantages généraux. — Voyons maintenant d'ensemble et d'une manière générale quels avantages résulteraient de l'établissement d'un casier d'état civil.

1° L'établissement facile de toute généalogie. On retrouverait sans peine tous les successibles d'un homme. Dans beaucoup de cas, leur découverte est actuellement impossible ou présente des difficultés presque insurmontables. De pareilles recherches sont surtout impraticables pour les particuliers. Aussi bien a-t-on fondé des agences pour les faire à leur place : on sait au prix de quel travail et dans quelle large proportion la rémunération qu'elles exigent réduit les avantages qu'elles procurent.

Les mariages incestueux entre beaux-frères et belles-sœurs et la bigamie, si faciles à commettre et plus fréquents qu'on ne l'imagine, deviendraient impossibles.

2° L'organisation, dans une large mesure, du crédit personnel. Celle du crédit immobilier repose sur le régime hypothécaire. A la conservation des hypothèques : je connais toutes les charges qui grèvent les immeubles situés dans l'arrondissement, sauf les hypothèques légales non inscrites. — Au greffe du Tribunal, je connaîtrai l'état, la capacité, la situation juridique de tout individu né dans l'arrondissement, et je recueillerai là toutes les données que fournissent les actes officiels sur le degré de confiance qu'il mérite.

3° Suppression des hypothèques occultes.

4° Diminution notable des cas d'absence.

5° De grandes facilités pour le contrôle des déclarations passées devant les officiers publics touchant l'état des personnes. — La filiation naturelle, adultérine ou incestueuse se révèlerait d'elle-même quand on aurait voulu la faire passer pour légitime. Généralement, nombre de supercheries et dissimulations dans les actes deviendraient impraticables.

6° Possibilité de reconstituer les registres d'une commune, détruits du même coup, je le suppose, à a mairie et au greffe. Il suffirait d'un avis-circulaire à tous les greffes de France d'avoir à renvoyer par duplicata tous les bulletins reçus de cette commune. Le casier d'état civil d'un greffe se rétablirait par des procédés analogues. Des précautions spéciales seraient prises, comme on le verra dans le projet de loi, en vue d'assurer cette reconstitution.

Diminution de travail matériel possible. — Tels sont les avantages ; mais il faut résoudre une objection qui s'élèvera d'abord, tirée du surcroît de travail qui résulterait pour les maires et les greffiers de l'organisation du casier. Mais il ne faut pas se laisser surprendre par la première impression que produit naturellement sur l'esprit l'idée du grand nombre de bulletins que les maires surtout devraient envoyer. Pour se faire une idée précise à cet égard, et calculer d'une manière approximative la somme de travail matériel que représenterait la confection des bulletins, par comparaison avec celle qu'exige actuellement la rédaction des registres, il faut prendre pour données les nombres proportionnels des actes de différentes natures et leur étendue normale, autrement dit le nombre de mots que comportent leurs formules les plus simples, et, d'autre part, le nombre et l'étendue des bulletins correspondant aux actes de chaque espèce. Vérification faite, d'après les registres d'un grand nombre de communes, je crois pouvoir affirmer que la quantité d'écriture que le casier d'état civil imposerait aux secrétaires de mairie, représenterait, au maximum, le huitième de ce qu'exige la tenue des registres en double. Ce serait donc un surcroît d'un neuvième.

Mais d'autre part, lorsque les énonciations substantielles de chaque acte seraient reproduites jusqu'à trois fois en différents lieux, on n'apercevrait plus l'utilité de tenir les registres en double. Les bulletins signés des officiers publics formeraient de véritables titres suffisants pour remplacer au besoin les actes eux-mêmes, sauf des cas tout à fait exceptionnels, par exemple celui de poursuites pour altération, faux, etc., contre le maire ou les témoins. Mais il faut supposer : la destruction des registres ; un crime ou un délit ; leur découverte tardive après la perte des actes. En admettant qu'à la faveur d'un concours si extraordinaire de circonstances un faussaire échappe de loin en loin à la répression, l'ordre public n'en souffrira guère. Cette hypothèse ne saurait prévaloir contre l'avantage de réduire d'un tiers le travail des secrétaires de mairie. Les registres seraient tenus simples et renvoyés dans les communes après les vérifications annuelles.

Toutefois, je me contente d'émettre ici cette idée, et ne la ferai point passer dans le projet de loi.

Quant aux greffiers, le surcroît de travail serait pour eux minime et d'ailleurs rétribué.

Projet de loi. — Voici, je pense, comment l'organisation du casier pourrait se formuler en projet de loi. Dans la série des articles, on trouvera les mesures de surveillance que j'ai cru propres à assurer l'observation par les maires et les greffiers des prescriptions qui les concernent. Je n'en ai pas parlé auparavant, pour éviter les redites.

Art. 1er. Il sera remis annuellement à chaque officier de l'état civil, avec les registres destinés à l'inscription des actes, un registre à souches numérotées, paraphées par un juge du Tribunal de première instance. Les suppléments, s'il en est délivré, seront également à souches numérotées et paraphées.

Art. 2. L'officier de l'état civil qui recevra un acte de naissance enverra aux greffiers de Tribunaux de première instance de son arrondissement ; des lieux de naissance des père et mère, si l'enfant est légitime ou reconnu ; sinon de la mère seule ; des bulletins extraits du registre à souches et mentionnant : les prénoms, sexe, date et lieu de naissance de l'enfant ; s'il est légitime ou reconnu ; les prénoms, noms, dates et lieux de naissance des père et mère ; en cas de naissance d'enfants jumeaux, des bulletins distincts seront rédigés pour chacun.

Art. 3. Dans les cas des articles 60 et 93, l'officier qui transcrira l'acte, outre les bulletins précédemment prescrits, en enverra un semblable au casier central dont il sera parlé ci-après.

Art. 4. Pour un acte de reconnaissance, les bulletins portant les indications prescrites par l'article 2, et celle des date et lieu de la reconnaissance, seront transmis aux greffes des lieux de naissance de l'enfant et de l'auteur ou des auteurs de la reconnaissance. Si l'acte a été reçu par un juge de paix ou par un notaire, ils seront transmis par le greffier ou le notaire aux lieux sus-indiqués.

Art. 5. En cas de légitimation par mariage, l'officier de l'état civil qui recevra l'acte de mariage, ou celui qui le transcrira, dans le cas des articles 95 et 171, enverra des bulletins indiquant les date et lieu du mariage, et conformes d'ailleurs aux prescriptions de l'article 2, aux lieux indiqués par cet article.

Art. 6. Pour une adoption, l'officier de l'état civil qui l'inscrira, en vertu de l'article 359, enverra des bulletins portant les noms, prénoms, dates et lieux de naissance de l'adoptant et de l'adopté, les lieu et date de l'adoption aux greffes d'arrondissement de leurs lieux de naissance respectifs.

Art. 7. L'officier de l'état civil qui recevra un acte de mariage ou qui le transcrira, dans les cas des articles 95 et 171, enverra au greffe d'arrondissement du lieu de naissance des époux deux bulletins indiquant chacun : leurs prénoms, noms, date et lieu de naissance, les lieu et date du mariage ; s'il a été fait un contrat de mariage, et, en cas d'affirmative, sa date, et les nom et résidence du notaire. Chacun des futurs produira un extrait de son casier d'état civil.

Art. 8. L'officier de l'état civil qui recevra un acte de décès, ou celui qui le transcrira, dans les cas des articles 80, 82, 96, enverra au greffe d'arrondissement du lieu de naissance du défunt un bulletin portant ses prénoms, nom, date et lieu de naissance, les lieu et date du décès.

Art. 9. En cas de présentation d'enfant sans vie, les bulletins portant les prénoms, noms, date et lieu de naissance des père et mère ou de la mère seule, sous les distinctions contenues en l'article 2, les date et lieu de la présentation, seront transmis aux lieux indiqués par ledit article.

Art 10. Toutes les indications de dates et de lieux de naissance qui devront se trouver dans les bulletins seront insérées dans les actes sur les déclarations des comparants. Tous actes notariés, arrêts ou jugements porteront l'indication des dates et lieux de naissance des parties intéressées.

Art. 11. Les agents diplomatiques ou consuls qui recevront, en pays étranger, un acte de l'état civil concernant des Français, se conformeront aux dispositions précédentes, en ce qui concerne le contenu des bulletins et les lieux d'expédition.

Art. 12. Tout jugement définitif ou arrêt portant désaveu de paternité sera mentionné sommairement sur trois bulletins qui seront transmis aux greffiers des lieux de naissance du désavouant, du désavoué et de la mère.

Art. 13. Tout jugement définitif ou arrêt portant séparation de corps ou de biens sera mentionné sommairement sur deux bulletins qui seront transmis aux greffes des lieux de naissance des époux.

Art. 14. Tout jugement définitif ou arrêt portant interdiction ou mainlevée, dation de conseil judiciaire ou mainlevée, déclaration de faillite, homologation de concordat, déclaration d'absence, condamnation criminelle entraînant interdiction légale, sera mentionné sur un bulletin qui sera transmis au greffe du lieu de naissance de l'individu atteint par ces diverses décisions. Il en sera de même pour l'acte conférant ou retirant au mineur le bénéfice de l'émancipation, et pour l'acte portant réhabilitation du condamné ou du failli, en cas de condamnation criminelle entraînant interdiction légale, de banqueroute et de faillite.

Art. 15. Toute délibération du conseil de famille portant nomination de tuteur ou de protuteur fera l'objet de bulletins qui seront transmis aux greffes d'arrondissement des lieux de naissance du tuteur, protuteur, et du pupille : mineur ou interdit.

Art. 16. Tout arrêt portant cassation d'une des décisions énumérées en l'article 14 fera l'objet d'un bulletin qui sera transmis au greffe d'arrondissement du lieu de naissance de l'individu atteint par la décision.

Art. 17. Les greffiers des Cours, Tribunaux et juges de paix sont chargés des transmissions de bulletins prescrites par les articles 12, 14, 15, 16.

Art. 18. Tout bulletin portera les date et lieu d'expédition et la signature de l'expéditeur. Tout bulletin transmis par un officier municipal portera le numéro de l'acte correspondant. Seront mentionnés, par l'officier municipal, sur la souche du feuillet détaché : 1° la nature de l'acte ; 2° son numéro ; 3° le nom de l'individu à l'arrondissement duquel le bulletin a été transmis ; 4° le nom de l'arrondissement ou l'indication que le bulletin a été transmis au casier central ; — par les greffiers, notaires ou agents diplomatiques, en marge des arrêts, jugements ou actes, les indications prescrites par les 3° et 4°. Les souches et mentions marginales seront signées de l'expéditeur.

Art. 19. Toute transmission sera faite dans le jour qui suivra la date de l'acte ou dans la huitaine qui suivra l'époque où la décision sera devenue définitive.

Art. 20. Il sera établi au ministère de la justice un casier central d'état civil. Lorsque le lieu de naissance sera inconnu ou situé hors de France, le bulletin sera transmis au casier central, à moins que l'acte de naissance n'ait été transcrit en France, auquel cas la transmission sera faite au lieu de la transcription.

Art. 21. Les greffiers des Tribunaux et les préposés au casier central classeront les bulletins sous des cotes portant les nom, prénoms, date et lieu de naissance de chaque individu. Les dossiers seront classés alphabétiquement. Dans l'année qui suivra chaque décès, le dossier du défunt sera reporté sur une feuille unique, qui formera l'extrait définitif. Les bulletins qui surviendraient ensuite seront mentionnés sur cette feuille. Les bulletins concernant les décédés seront détruits un an après la confection de l'extrait définitif, signé et certifié par le greffier ou préposé et visé par le procureur de la République. Les extraits définitifs seront classés alphabétiquement.

Art. 22. Toute personne pourra se faire délivrer par les greffiers de première instance des extraits du casier d'état civil.

Art. 23. Tout bulletin sera revêtu d'un timbre mobile à 10 centimes. Tout extrait sera rédigé sur une feuille de timbre à 60 centimes, certifié et signé par le greffier, dont le salaire sera de 2 francs par extrait.

Art. 24. Toute infraction aux dispositions des articles 2 à 16, 18, 19, 21 de la présente loi, sera punie des peines portées en l'article 50 du Code civil.

Pour la vérification de l'envoi des bulletins par les maires, un procédé fort simple permettrait de s'assurer du premier coup d'œil, que le nombre de bulletins correspondant à chaque nature d'actes, a bien été transmis. A la fin de chaque registre se trouverait un tableau imprimé du modèle suivant :

	NOMBRE D'ACTES	NOMBRE DE BULLETINS
Enfants légitimes, reconnus dans l'acte par le père, et enfants légitimés (actes à trois bulletins)......	»	»
Enfants naturels, mariages, adoptions, reconnaissances (actes à deux bulletins)	»	»
Décès ; enfants trouvés (actes à un bullletin)......................	»	»
TOTAL.....	»	»

Les nombres de bulletins devraient représenter les produits des nombres d'actes par 3, 2, 1. Le total des bulletins devrait former le même nombre que le chiffre du dernier feuillet du registre à souches, sauf de rares exceptions, qui seraient, au besoin, expliquées par les maires.

Il ne me reste plus qu'à signaler en quelques mots les principales différences qui séparent mon projet de celui de M. Lionel d'Albiousse.

Cet éminent magistrat propose l'établissement de deux casiers ; l'un dit : casier de l'état civil, et comprenant seulement le mariage et le décès ; l'autre dit : casier des objets divers, et comprenant l'interdiction, le conseil judiciaire, la tutelle, la séparation de biens.

Il n'a pas cru devoir y faire entrer les huit autres faits d'état civil énumérés plus haut.

De ce que les naissances d'enfants ne sont pas mentionnées au casier des père et mère, il résulte qu'au point de vue généalogique, et pour la recherche des héritiers, le projet de M. Lionel d'Albiousse ne présente plus qu'une utilité très restreinte.

L'omission de la faillite est évidemment fâcheuse au point de vue de l'organisation du crédit personnel. J'en dirais autant des autres faits également omis, quoique leur importance soit moindre.

Au total, le système ne révèle pas complétement l'état civil des personnes.

Quant au fonctionnement et aux moyens de vérification et de surveillance, M. Lionel d'Albiousse ne paraît s'en être occupé que d'une manière secondaire. Il n'a pas cru devoir entrer dans les détails. Les procédés qu'il propose ne ressemblent en rien à ceux dont on vient de lire l'exposé.

M. Lionel d'Albiousse a voulu bien plutôt indiquer une idée qu'organiser un système : il ne donne même qu'un aperçu très-sommaire de quelques-uns des nombreux avantages qu'offrirait le casier d'état civil, même réduit à la mesure qu'il propose.

APPENDICE

—

CASIER FISCAL.

Les droits de mutation par décès, dont l'importance est considérable (environ 120,000,000) sont perçus sur la déclaration des redevables et par conséquent fort exposés à la fraude.

Pour contrôler autant que possible ces déclarations, il a été créé en 1865 un répertoire général sur lequel « on réunit, sous le nom de chaque contribuable, les divers actes de la vie civile concernant sa personne et ses biens. » (Instr. du 29 novembre 1865, n° 2320.)

Ce répertoire se compose de volumes divisés en comptes ouverts au nom de chaque contribuable et sur lesquels sont inscrites les analyses sommaires des actes qu'il est utile de connaître pour la recherche des droits célés. Afin que l'on puisse trouver facilement dans ces volumes le compte ouvert à chaque individu, on a créé en même temps des bulletins mobiles, servant de table du répertoire, et qui sont classés par ordre alphabétique des noms. Au bureau de la résidence de chaque contribuable, on lui ouvre ainsi un compte au répertoire, sur lequel on inscrit les mutations de biens meubles sans assiette déterminée, les constitutions de rentes, contrats de mariage, testaments, etc.

Au bureau de la situation des biens, on inscrit les mutations d'immeubles.

Lorsqu'un acte est présenté à l'enregistrement dans un bureau autre que celui où il devrait être inscrit au répertoire, le receveur doit en rédiger une analyse sur un bulletin *de renvoi* et ce bulletin est transmis au bureau intéressé. Dans le cas d'un changement de domicile, on envoie au bureau de la nouvelle résidence du redevable une copie de son article au répertoire.

On sait d'ailleurs que les maires sont obligés de fournir des états trimestriels des décès aux receveurs de leurs cantons. Il suffit donc de consulter l'article ouvert au répertoire au nom de chaque décédé, pour réunir rapidement toutes les indications que peuvent fournir les actes enregistrés sur sa situation de fortune.

Avant d'être appliqué en France, ce système avait été établi en Belgique; il donne d'assez bons résultats, mais présente cependant quelques imperfections provenant des causes suivantes :

Les actes présentés à l'enregistrement, les seuls qui puissent être inscrits au répertoire, ne donnent souvent pas d'indication sur le domicile légal des contractants. Quand il s'agit d'actes authentiques, notariés ou judiciaires, il est fait habituellement élection de domicile à l'étude des mandataires. Quand il s'agit d'actes sous seing privé, on ne trouve d'ordinaire que des désignations vagues ou nulles. Par suite, le receveur ne sait où envoyer son bulletin de renvoi, et se trouve exposé à ouvrir un compte sur son répertoire à un individu qui n'est pas réellement domicilié dans le canton. Si le receveur est soigneux, il peut demander, il est vrai, des renseignements officieux, mais il n'a ainsi aucune certitude, et d'ailleurs il n'obtient pas toujours ces renseignements que l'on peut parfaitement lui refuser.

Il en résulte qu'un même individu peut parfaitement avoir des comptes ouverts sur le répertoire de plusieurs bureaux, sans qu'on en sache rien. Quand il vient à mourir, le maire de la commune où a lieu le décès prévient bien le receveur du canton, mais celui-ci ne peut prévenir ses collègues. Or, il y a un très grand nombre de personnes qui font ainsi élection d'un domicile transitoire sur des points fort éloignés.

Très souvent des individus décèdent hors de leur domicile légal, sans que le maire soit en état d'indiquer quel était ce domicile. Quand on connaît le lieu de naissance du décédé, le receveur y envoie habituellement un bulletin de renvoi pour annoncer à son collègue l'ouverture de la succession ; mais cela est de faible utilité, car le lieu de naissance ne correspond plus guère maintenant au domicile légal.

Une autre difficulté, plus grave encore, provient de l'incertitude où l'on est bien souvent sur la personnalité même des contractants. On ne saurait croire combien il est fréquent que les actes donnent des noms mal orthographiés, des prénoms inexacts ou incomplets, des qualifications fausses.

Voilà autant de causes d'erreurs pour la tenue des répertoires. Le receveur est forcé d'inscrire l'acte sous le nom qui y est porté, et il sait souvent que cinq ou six articles se rapportent au même individu ; que Berthaut, Bertaud, Bertot, etc., ne forment qu'une seule personne. Mais s'il le sait, c'est grâce à la connaissance qu'il peut avoir du pays s'il y a résidé longtemps. Que le receveur soit déplacé et les indications du répertoire perdront la plus grande partie de leur valeur pour son successeur.

Une autre cause de confusion, c'est le grand nombre d'individus portant le même nom de famille dans certains pays. Pour peu que les premiers soient indiqués inexactement dans les actes il devient impossible de s'y reconnaître. On voit certaines localités où plusieurs individus ont le même nom de famille et les mêmes prénoms, et où les receveurs les distinguent (quand ils le peuvent) par des numéros d'ordre, ou en ajoutant le prénom du père. Mais on juge facilement combien de tels moyens sont imparfaits. Ils sont d'ailleurs uniquement fondés sur des renseignements officieux toujours suspects. Il y a des villages, en Savoie, par exemple, où tous les habitants ont le même nom patronymique, et ont reçu le même prénom, celui du patron du village. Quand un acte est présenté à l'enregistrement, il est impossible de savoir où l'inscrire au répertoire. Quand un individu décède,

il est impossible de contrôler la déclaration de succession.

Pour remédier à cet état de choses, il suffirait
d'une loi qui obligeât les notaires et autres officiers
publics à désigner les individus, non-seulement par
leur nom, mais par leurs lieu et date de naissance.
Pareilles indications devraient se trouver également
dans les actes sous seing privé.

Alors, au lieu de renvoyer les actes au lieu du
domicile, toujours variable, on en renverrait les
analyses sommaires au lieu de naissance, où l'individu aurait ainsi son casier fiscal immuable et
complet. Au décès d'un contribuable, on aurait là
tous les renseignements nécessaires. Cela n'empê-
cherait pas, bien entendu, d'ouvrir un compte au
répertoire du domicile, mais ce compte serait ratta-
ché à celui du lieu de naissance par une simple
annotation. Enfin, l'indication de la date de naissance suffirait pour empêcher de confondre le père
avec le fils, les frères et les cousins entre eux.

IMPRIMERIE CENTRALE DES CHEMINS DE FER. — A. CHAIX ET Cie,
RUE BERGÈRE, 20, A PARIS. — 8886-9.

www.ingramcontent.com/pod-product-compliance
Lightning Source LLC
Chambersburg PA
CBHW051750050726
47598CB00003B/1417